Maren Schönfeld, geboren 1970, lebt in Hamburg. Sie schreibt Gedichte, Geschichten, journalistische Texte und Sachbücher. Sie hat bislang vier Lyrikbände veröffentlicht und wurde 2017 mit dem Lyrikpreis der Hamburger Autorenvereinigung ausgezeichnet. Zu ihren Tätigkeiten gehören auch Lektorate und Schreibcoaching in der Erwachsenenbildung.

Maren Schönfeld

Der Boden des Dunkels

Gedichte

Verlag Expeditionen

Bibliografische Information der
Deutschen Nationalbibliothek: Die Deutsche
Nationalbibliothek verzeichnet diese Publikation in der
Deutschen Nationalbibliografie; detaillierte bibliografische
Daten sind im Internet über www.dnb.dnb.de abrufbar.

Maren Schönfeld
Der Boden des Dunkels
Gedichte
Erweiterte Neuauflage 2021

Umschlagsgestaltung: Birgitta Sjöblom
Umschlagsbild und Zeichnungen im Buch:
Maren Schönfeld
Printed in Germany

ISBN: 9783-947911-59-2

Weitere Veröffentlichungen
von Maren Schönfeld
im Verlag Expeditionen:

„Wenn du Schmerzen hast, gehe langsam"
(2018)

„Schreib einfach!
Impulse für kreatives und autobiografisches
Schreiben und für Gedichte" (2020)

Maren Schönfeld

Der Boden des Dunkels

Gedichte

Inhalt

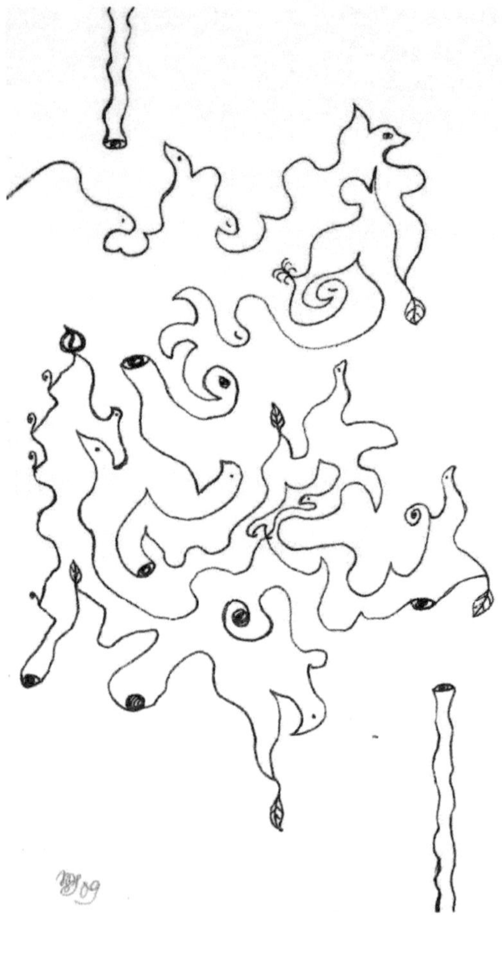

Vorwort

Als meine Schritte zu kurz wurden für den Weg bis zu den Bäumen in den Elbparks – da war es, als hätte ich eine Heimat verloren.

Ich besuchte den Katsukabaum, dessen Blätter hellgrün und im Herbst leuchtend gelb sind. Ich besuchte die große Eiche auf der Wiese und die Blutbuche am Weg, die Buche mit dem Gesicht im Stamm. Sie erwarteten mich schon. Ich legte die Hand an ihre Rinde.
Als meine Schritte zu kurz wurden, warteten sie vergeblich, und alles Denken an sie half nicht. Wie sollte ich leben ohne den Trost der Bäume?
In den 300 Metern um mein Haus suchte ich Bäume.

Da waren die Platanen, umrahmt von Steinmauern, die sie mit ihren Wurzeln anhoben und langsam, langsamer als Zeitlupe, zu Fall brachten. Ziviler Ungehorsam. Bei Hitze warfen sie ihre Rinde ab. Zu Weihnachten behängte man sie mit Lampions. Die Platanen waren stets von Menschen umgeben, die an Tischen saßen, aßen und tranken, miteinander redeten.

Mit den Platanen redeten sie nicht, und niemand legte die Hand an ihre Rinde. Die Platanen hatten keine Ruhe und so fand auch ich keine Ruhe bei ihnen.

Die Buche auf dem nahen Spielplatz wurde mein bescheidenes Ziel. Erschöpft von dem kurzen Weg, setzte ich mich auf die lehnenlose Bank unter ihrer Krone, dicht an ihren Stamm, aber nicht dicht genug, um mich anzulehnen.

Auf diesen Spielplatz kamen die kleinsten Kinder an Vormittagen aus dem Kindergarten. Niemand beachtete die Buche. Niemand beachtete mich. Ich ruhte aus, hörte dem Windwispern in den Blättern zu und atmete Baumduft, besonders nach dem Regen, kräftig und dunkel.

Jetzt besuche ich wieder den Katsukabaum, die Eiche auf der Wiese, die Blutbuche und die Buche mit dem Gesicht im Stamm. Am Spielplatzbaum gehe ich vorbei, aber nie ohne einen Blick mit ihm zu wechseln.

Ausgesetzt

Jeden Tag fremd
in der eigenen Haut

täglich vertrautes
Umfeld erkunden
und unvertraute
Innenwelt

jeder Tag zu kurz
zum heimisch werden

An Schattentagen
fällt manchmal
ein Licht
auf die Straße

mein Blick oft
zu langsam

Gedankenblüten treiben mir noch
den Kopf an die Wand schlagen Endlos-
haken unter der Schädeldecke

das Tagfürtag schmirgelt die Haut durch
lässig dringen Atmosphären in Poren

im Innern hält die Haut
dicht alles bleibt nichts
verdampft alles vermehrt sich

drängt Organe zusammen da kreisen
Dinge in meiner Blutbahn kommen nicht
mal aus den Ohren wieder raus

In meiner Haut

Verschlungene Straßen
mit zu vielen Kreuzungen
führen irgendwo
aus dem Bild meiner Haut
lässt sich Vergangenes lesen
vielleicht nicht alles

aus Straßen werden Äste
auf denen ich turne
während ich durchs Fenster
zum Essen gerufen werde
im Kern meiner Jahresringe
wie lange her

zu wissen wo oben
und wo Boden ist
genug für den Tag

Im Glaskleid

Wie angegossen
ummantelt dich leibhaftig
ein gläsernes Kleid
die Wirbelsäule aufrecht
Bauch rein und Brust raus

Endlich abgestreift
bedeckt es fast durchlässig
den kalten Boden
nur Scherben widerspiegeln
einbrechende Lichtstrahlen

Schritt aus Versehen
auf das Glaskleid getan
jetzt gesprungen –
doch das war alles geträumt
nun gießt es dich wieder ein

Tage und Jahre
in Kleidern aus Glas leben
starr aufgerichtet
ummantelt und umzwungen
kühl und glatt im Berühren

Der Alb

In dieser Nacht begegnet
mir der gefiederte Alb
sieht mich an
kalt das Augenweiß

ich starre ihn an
bis er sich abwendet

in einem Lidschlag
lässt er zurück
eine rote Feder

Schwarzwasser trägt mit
dem Wellengang eins
den Leib

Schwarzwasser zieht mit
dem Treibgut eins
den Leib

Schwarzwasser lässt mit
dem Landsaum eins
den Leib

Woher meine Träume kommen dort
bin ich begraben das nimmt mir
den Lebtag:

Der Boden des Dunkels
das Wispern hinter der Fensterscheibe

dem ich nachhänge
an das ich gebunden bin -

jeden Morgen
durchtrenne ich
Nachtwurzeln.

Suchen
gedankenlos
schlafen und vergessen
bewusstlos
nicht erinnern die Geister
aus Träumen
nur der Herzschlag weiß
aufwachen
ohne Frieden

KREISLAUF

Krank oder gesund
Runde um Runde
Ein Weg ohne Winkel
Immer dieselbe Richtung
Schwer oder leicht
Lange oder kurze Schritte
Ab und zu stehenbleiben
Und dann wieder von vorn
Frag nicht wie lange

AUSHALTEN

Abends im schwindenden Licht
Unter aufziehenden Nachtwolken
Sehe ich schon die nahenden Träume
Hoffe auf Entspannung
Alles loslassen können und hinter den
Lidern in Bilder tauchen
Tage ohne Schatten hinterlassen kaum
Erinnerungen und wach bin ich
Nur in den Nächten

Wanken

Sag mir wann das war: gestern
kroch ich aus meinem Hautgeviert
doch es strafft sich wieder um mich
geschmeidig
entzieht sich der Untergrund
dem irrenden Fuß
traue nie

atme atme atme
atme atme atme
atme

kurze kurze kurze
kurze kurze kurze
kurze

tage tage tage
tage tage tage
leben

?

oben ist
über unten
unten ist
unter oben
weißt du
noch wo
oben und
unten ist

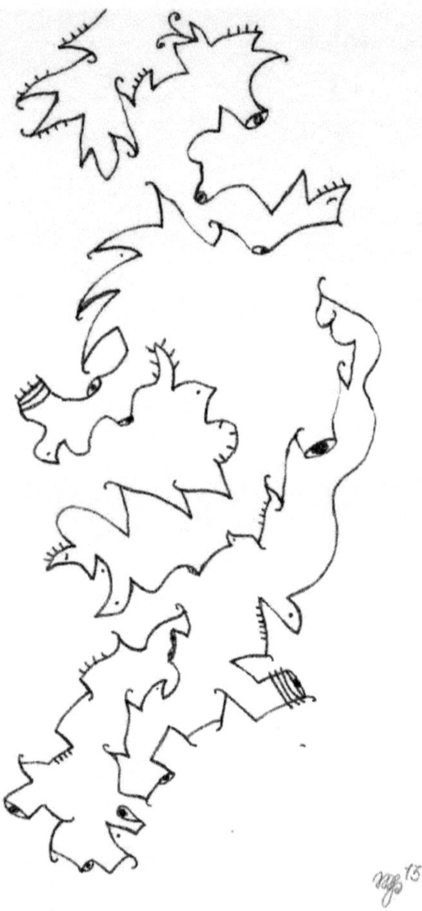

schmerz

schmerz
schmerz und angst

angst
angst und hoffen

schmerz
schmerz und hoffen

schmerz und angst und hoffen und
ein neuer tag

beißt sich durch mein fleisch
eine woge

schlägt kanäle wohin
warum

bin ich noch da
wenn sie verebbt

den rücken gerade
zwingen gegen gezeiten

wahren das gesicht
bis zur flut

Sitzt du
mir wieder
auf den Schultern
du Kreatur

ich tanze
schlafe laufe
schreibe gegen
dich an

du bist zäh
zäh wie ich

Reißt mir den Kopf ab
er ist zu schwer
für meine Schultern

reißt mir die Arme aus
lasst mich zurück
im dunklen Dumpfsein

kein Schmerzprogramm
kein Haar zu raufen

Suche um Suche
nach Möglichkeit
den Kopf heben
fast bis zum Abend

Morgen um Morgen
das Lied der Amsel

Hülle mich in Violett
meinen Leib in Organza
weiß meine Haut
der Organzapanzer
heilt und schützt
ihr seht hindurch
und seht mich nicht
das Violett schafft mich neu
Tag für Nacht

Meine Freundin

Manchmal
ist eine Rose
meine beste Freundin
hört mir zu

nur Schönes
will ich ihr sagen
dass sie den Kopf
nicht hängen lässt

Im Gehäuse

Versteckt in Windungen
von Dunkel umhüllt
der Tag ohne Fühler
behaust am Wegrand
wo Schritt um Schritt vorbei
eilt kein was ist morgen -
ich passe mich ein ins Gehäuse
meine Bleibe
eine Bleibe auf Zeit

Bettet sich das Dunkel wie schwarze Gazen
Grauweidenblätter zersetzen
unter Anthrazitlidern erstarrt
der Stein mein Bruder

Bettet sich das Licht wie weiße Gazen
Baumblütenblätter benetzen
unter Sonnenlidern erwacht
der Zweig mein Bruder

Wie die Möwe zwischen Bäumen
hindurch gleitet fliege ich
will das Blätterdach nicht lassen
will dem Blätterdach entkommen
die Stämme so starr
die Stämme sollen sich regen
Platz schaffen dem Licht
dass es bis auf den Boden reicht
ich will auf der Sonne tanzen

Heben Gehen Spüren

Heben den Kopf immer oben
halten den Blick voraus und
was schwer auf Schultern sitzt
ignorieren

Gehen die Beine immer vor
bewegen den Blick voraus und
was quer im Weg liegt
ignorieren

Spüren das Herz immer oben
halten dahinter
blüht es

Die Schmerzdecke hebt sich langsam
erwachen neu meine Sinne
recken und strecken sich
erst in die Luft
dann in die Liebe
bis in den neuen Tag

Der Tag hat wieder Stunden
und Minuten die mich einladen
sie mit anderem zu füllen als
mit Schmerz

Der Schmerz hat wieder Stunden
und ich habe Stunden ohne ihn

Langsam hebt sich die Schmerzdecke
lässt Luft an meinen Leib
der nun die Schmerzhitze abgibt
in die Kühle des beginnenden Tages

Bis zu den Amseln

Mit dir im Park die Schritte
gedämpft von Grün
Blätter entfalten sich
ich streiche sie glatt
atme diesen Duft
hereinbrechenden Frühlings

Mit dir im Park der Schmerz
gedämpft von deiner Stimme
Schönklang ich suche mit
deinen Worten ihn aus
dem Hirn zu schieben

Mit dir im Park die Schritte
schleppender schon bald
nehme ich deine Hand
du hältst fest das Grün den Duft
deine Worte überbrüllt der Schmerz

Mit dir auf der Bank
den Amseln zuhören

Schlagabtausch

Hirn sagt Schmerz

still sage ich